JN440804

오늘의문학시인선 378

바람이 선풍기를 돌린다

박정묵 시집

오늘의문학사

국립중앙도서관 출판시도서목록(CIP)

바람이 선풍기를 돌린다 : 박정묵 시집 / 지은이: 박정묵. -
- 대전 : 오늘의문학사, 2016
p. ; cm. -- (오늘의문학 시인선 ; 378)

ISBN 978-89-5669-770-3 03810 : ₩9000

한국 현대시[韓國現代詩]

811.7-KDC6
895.715-DDC23 CIP2016019733

바람이 선풍기를 돌린다

‖ 시인의 말 ‖

멀쩡한 삶을 엉망진창으로 만드는 게 예술이다,라고 어느 시인이 말했다. 40대 후반, 늦은 나이에 시를 만났지만 놓친 세월이 아까워 열렬히 사랑했다. 오랫동안 짝사랑이었고 지금도 그 마음을 열지 못했다. 시평이 끝나고 혼자 술을 마신 적도 많았다. 좋은 시를 한 줄 한 줄 찢어 꼭꼭 씹어 먹은 적도 있었다.

"사유는 치명적致命的이어야 한다" 그리고 "고양이 눈처럼 선명鮮明하게 쓰라" 처음이자 마지막으로 주어진 명제였다.

두 괴물을 상대로 몇 년간 씨름했으나 끝내 눕히지 못하고 생활로 퇴각하였다. 지나보니 그 시절이 제일 행복했었다.

솟대를 세우자고 공부를 하던 사람들, 하나둘 떠나가고 이제는 홀로 남았다. 먹이를 구하는 데 별 쓸모가 없는 시 쓰기, 어쩌면 이 형벌이 가장 치명적인지 모른다. 다시 시 근처를 어정거렸다.

"직관적 은유로 직접 관통하라"는 말이 오랫동안 잊혀지지 않는다. 괜찮은 시 한편 썼다고 혼자 들떠 있다가 자고 나면 허점투성이다. 그래서 죽기 직전에 시집 한권 내고 나를 따라 순장시키기로 했었다. 하지만 어떡하랴 떡 본 김에 제사지낸다고, 퇴직이 가까워오니 상을 차려주신 내 직장, 국민건강보험공단에 감사드린다.

엉망진창인 삶을 멀쩡하게 세우는 것이 시가 아닐까? 적어도 나에게는…

꼼꼼하게 편집해 주신 오늘의 문학사 이영옥 편집장님이 고마울 따름이다.

이 한권으로 세월 하나를 닫는다. 읽는 이보다 쓰는 사람이 많은 시절, 허접한 한 뭉치 내지르지나 않았는지…

2016년 8월 박정묵

차례__

차례__

2부

차례__

3부

1부

첫사랑

후두둑 후두둑
떨어지네
봄비 한 조각
창문에 소리없이 번져 가네

문득
그 자리에 남아있네
물방울의
아스라한 흔적

지워지지 않는.
지울 수 없는.

어떤 사랑 하나

나무에 자두 두 알이 달려있다
손 내밀면 닿을락 말락한
딱 그만한 거리

강철보다 질긴 한 뼘을 줄이지 못해
서로 쳐다만 볼 뿐,

자두를 한 입 베어 물었다

제 혼자 익힌 사랑이
뼈 속까지 붉게 물들어 있다

너를 보는
내 마음이 그러했다

빗소리를 뽑아내다

딱딱한 햇볕에
바늘을 찔러 넣었다
고여 있던 소리가 툭툭 떨어진다
나는 우산을 펴고, 죽어가는 소리를 받아낸다
내 귀가 오랜만에 수혈된다
어제는 잠시 소나기를 수술하자
썩은 피들이 콸콸 쏟아져 나온다
봄날은 피가 모자라서
해쓱해진 벚꽃이 낙엽처럼 떨어진다
해서 뽑아낸 소리가
빗방울 속으로 걸어 들어간다
샛바람을 절개하자
구름에서 빗소리가 격리되었다
몸속에서 비 내리는 소리를 듣지 못한 사람들은
쉽게 죽어갔다
바늘을 뺀다
죽은 햇살이 발뒤꿈치에 달라붙는다
비가 사라졌다
햇볕에서 핏줄이 사라졌다

담배 한 모금

세상 하나 꺼내 물었다
누에씨보다 작은
불씨 하나
가슴 깊숙이 빨아들였다

불덩이 같은 시간들
타들어간다

타지 않는 순간들
몽글몽글 뱉어낸다

험한 세상 매번 되새김질 했건만

휴
하얀 재만 남았구나
젊은 날,
내 꿈 한 모금

D - 1

푸른빛을 다 먹어버린 이파리들
벌써 도망갔다
채 여물지 않은 떨켜들
바람 부는 마디에 전진 배치했다
가지 끝에서 보채는 열매들 살살 달래
안전한 땅위에 뉘었다
기다리는 시간은 언제나 더디게 지나간다
할 수 없이 줄기는 제 몸을 쩍쩍 갈라서
두툼한 바리케이트를 친다
사는 것이 오히려 슬픈 뿌리들
땅속에 쇠심줄보다 단단하게 발을 묻는다
이미 시든 풀잎
발 언저리에서 나를 올려보고 있다
내 몸에 감춰진 불안이
마른 담쟁이 넝쿨을 타고 오른다
단풍은 분신을 준비 중이다
잘 다듬어진 정원수들 저만치 물러난다
곧 밀어닥칠테지
매운 눈보라 펑펑 내리 꽂히면
길가의 잡초부터 밟힐 텐데

우기

끊일 듯 이어지는 기침소리 요란하다
쿵, 부딪치는 소리가 둔탁하게 울려 퍼진다
잡히지 않는 통증은 몇 날 며칠
추억에 젖은 몸을 다녀간다
장미처럼 피어나 분수처럼 높이 솟구칠 수 있을까
어느 시절을 떠올리는지
잠시 미소가 피었다 사라진다
젖은 마음들을 모아
사내는 늦은 꽃 한 송이 피우는 중이다
늑골 깊은 곳까지 뻗어내린 뿌리는
꽃향기를 길어 올리느라 바싹 말라있다
외진 담벼락에 몸을 기대자
매미 울음소리 펄펄 끓는다
사내의 눈빛 깊숙한 곳에서는
오래 전부터 우기가 지속되고 있었다
검붉은 입술에 나비 한 마리 앉는다
그동안 햇살이 몇 번씩 빗방울을 거두어가고
담벼락은 새 벽화를 그린다
꽃이 아니라고 하기에는 너무 꽃인 듯
컹컹, 개짖는 소리 조금씩 잦아든다

식구食口

우주가 손바닥을 편다고 치자
손가락 하나쯤 은하계가 차지할 테지
어느 마디 하나에 태양이 떠있고
지구는 지문 한금이나 될는지

밥을 먹고 뒤를 닦고 악수를 하고 방아쇠를 당기고 자판을 두드리고 미사일 버튼을 누르고 눈물을 훔치고 뒤통수를 때리고 삿대질하고 돈을 헤아리고 낄낄 웃음을 감추는 털 없는 앞발

갓난아기가 주먹을 꽉 쥐고 있다
한 방에,
우주를 움켜 쥘 줄 안다

첫사랑 2

비가 내린다
압정처럼 들뜬 모서리부터 누른다
그러다 여린 바닥을 골라
못 하나 꽂는다

키 작은 나무는 틈이 많구나
그 때부터 아이 손바닥에 못이 잡힌다
박히다 만 마음은 바람 부는 쪽으로 구부러진다
오래된 구멍은 끝을 보여주지 않지
녹슬수록 단단해지는 그리움,
제 몸을 조금씩 깎아 헐어지는 통증을 메운다
꽃-꽃-, 애초롬 참 깊이도 핀다

못은 머리부터 뭉그러진다
정수리를 쾅 내리치는 첫 망치질
황홀한 치매증상은 그 때부터 진행된다
못의 임무는 치명적인 상처를 주는 일
헐거워진 시간에도 못자국이 있다면 며칠은 견딜만하다
못을 뽑는다

가장 깊은 끝 날은 녹슬지 않았다

목련꽃이 툭툭 밀고 나온다
메마른 가지에서 못을 뽑아낸다
어디에도 박히지 못한
녹물 뚝뚝 흐르는 햇살 한줌
무디어진 봄날을 힘껏 내려쳐야 하는지

그녀 앞에서

말이 끊어지자 침묵이 입을 연다 말을 잇는다 침묵은 귀기울인다 그리움이란, 말과 말 사이에서 제 모습을 드러낸다 꽃은 말을 못해 더 예쁘다 거리를 뒹구는 소음들, 가로등은 입도 귀도 없어 목이 길어진다 벚꽃 봉오리가 들썩인다 얼어붙은 침묵을 깨는 중, 바람이 꽃잎을 흔든다 숨겨진 소리를 찾고 있다 멀리서 노래가 들린다 빈 칸에 침묵이 춤춘다 줄타는 말이 아슬아슬하다 목구멍에 그물이 깔려있다 기침소리에 갇힌 사랑이 탈출한다 눈이 쌓일수록 발자국 소리는 깊어진다 그녀가 한 숨 쉰다 침묵도 가끔 상처를 입는다 어두워지자 시끄러운 골목은 입을 닫는다 불을 켜고 어둠이 말하기 시작한다 이 도시는 침묵을 못 견뎌한다 높은 담은 침묵할 줄밖에 모른다 소리 나는 바람은 거짓말을 하고 있다 동이 튼다 침묵이 깨지는 순간이다 거울 속의 나는 입이 없다 그녀의 침묵이 말을 낳는다 마침내 "사랑한다"는 침묵이 깨진다

오래된 청소기

평생 동안 쓸고 닦았다
네가 흘린 그림자 조각조각을

소소한 잘못은 말없이 꿀꺽꿀꺽 삼켰는데
빈 가슴 구석구석
하얀 먼지만 켜켜 쌓여있네

아무리 들이마셔도 늘 배고픈 하루하루
먼지만한 네 마음 한 톨
덧묻혀 있지않다

기관지 골골거리는
저 늙은 여자
스위치를 꺼도 눕지 못한다네

녹 슨 그녀의 꿈도
함께 서 있다데

윤장대

"너를 읽을 수 없어 !"
왜 화를 내는지
마음하나 주으려고 주위를 맴돌아도
너는 묵언수행 중
전화를 걸면 뚜 뚜 뚜 뚜
너는 보이지 않는 세상과 통화중
또 한 장의 경문을 새기고 있어
내가 도는 대신, 너를 돌려보는 거야
한번 돌려 마음 한 줄 읽어내고
또 한번 돌려 행간을 우적우적 깨물어보고
목어처럼 입 쫙 벌리고 너를 읽는 거야
단단하던 상처가 돌가루처럼 곱게 갈려지는 순간
너는 두터운 경전 한권을 쫙쫙 찢어서
텅 빈 허공에 날려 버리겠지
미친바람이 네 몸을 훑은거야
혼자서도 핑핑
잘 돌아간다
속을 텅 비운 저 여편네

* 윤장대輪藏臺: 불경을 넣은 책장으로 축을 달아 돌릴 수 있게 만든 것.

고드름

지붕에 꽃이 핀다
투명하고 차디찬 꽃,
물방울이 물방울을 딛고 내려오는 중이다
꽃의 출발은 처마끝이다
시련과 아픔을 건너야 꽃이 된다고들 하지
고드름은 처마와 댓돌 사이를 뚫는 중이다
한척 반 매달린 허공을 얻기 위해
종유석의 사랑은 지금도 진행중
무디어진 햇볕이 꽃잎을 사각사각 갈고있다
허망하다 허공을 뚫는다는 것
꽃은 서둘러 아래로 아래로 내리뻗는다
한꺼번에 부서지기 위해서 더 단단해지는 것인지
상처 입은 꽃이 손을 놓아버린다
단숨에 허공을 뚫고 댓돌 깊이 새긴
꽃 진 자리에 꽃이 핀다
누구나 가슴 한편, 뻥 뚫리고 싶을 때가 있다
봄은 이렇게, 오는가 보다

꽃 그림자

한 시절이 떠나가고
제 그림자 등에 지고 간다네
헐벗은 시간은 물밑으로 가라앉고
또 한 시절이 덜 익은 그림자 안고 온다네

바람이 길쭉길쭉하게 크는 날
꽃잎 그림자 먼저 흔들리고
쨍쨍한 햇살 휘는 날
그림자 가지 뒤로 꼭꼭 숨는다

근질근질한 시간이 솟구쳐 올라
오랫동안 다듬은 제 그림자 조각조각 펼쳐 올린다
시절 좋은 벌나비들
그림자 먼저 한 몸 된다

한 곳에 맴도는 바람
텅 빈 그림자 감출 수밖에

맷돌이 돌아간다

— typhoon millstone

맷돌을 돌린다
바람은 오래전부터 사랑을 반죽해왔다
한 줌 호흡을 삼키자 배꼽이 돌아간다
조금씩 커지는 블랙홀
그 안에서 바람의 내력이 완성되었다
아버지가 맷돌을 돌릴 때마다
한 집안의 가계가 산산이 부서지고
간혹 회오리가 몰아치곤 했다
바람이 빨라지자 성긴 사랑이 요동친다
맞물릴 일이 없는 호흡의 한 때가 격렬하게 끓어 넘치고
차고 뜨거움의 경계는 늘 이쯤에서 모호해진다
헝클어진 눈빛들이 콩물처럼 갈려나가고
아이들이 미래를 증오하는 것도 이때쯤일 것이다
시간은 늘 헛바퀴처럼 겉돌기만 하고
아무리 돌아도 세상은 갈려지지 않는다는 것을 알았다
세월이 멈추자 맷돌질은 느려지고
돌판의 막막함에 대해 말해줄 바람이 사라졌다
겉이 마를수록 돌구멍에 달라붙는 악착스러움,
이제는 헐겁게 지나간다
부수고 으깨고 갈아버리는
세상을 다시 돌린다, 천천히 더 천천히

얼음 벽화를 보다

시절은 가벼워진 것을 끌어내리고
물은 조금씩 어두워진다
담벼락에서 억지웃음을 짓는 모란꽃,
허공에서 발가락을 꼼지락거려 본다
시절 좋은 안개가 흰 천을 펼치고
천천히 발바닥을 주워 담는다
담벼락은 애써 바닥과 가까워지고
뿌리 잘린 꽃잎들
안간힘을 쓰며 허공을 받치는데,
나는 신발 닳는 것을 걱정한다

호수가 단단해지자 무늬 없는 벽이 생겼다
얼음구멍으로 한 사내가 떠오른다
살아있는 듯
웃음이 환하다
꽃이다, 담벼락에 힘겹게 붙어 있던

마감 날 노래방에서

입 근지러운 고기들
여기서 아가미 쫙쫙 벌리는구나
쩍 벌어진 입마다
비릿한 바닷물이 쏟아져 나온다
거친 바다가 두려워 스스로를 가둔 고기들
할머니는 빈 우물에 엎드려 고래고래 소리 질렀다
뱉어내야 할 것들이 그렇게 많은지
둥 둥 둥, 몰아치는 내 목소리 얼마만인가
꽉 쥔 마이크는 돛대처럼 솟구쳐 오르고
소금끼 절은 이야기들
묵은 비늘마냥 우수수 떨어진다
한 자리를 지켜야하는 서러움이
다 그 속에 숨겨져 있다
거친 파도가 남은 비늘을 긁어내는 동안
탬버린 소리가 입안에 씹힌다
노래는 임자 잃은 채 홀로 제 목소리를 높이고
말없는 말에 취한 고기들 하나둘 입 닫는다
또 한 달을 헹구어 낸 이야기들
구부정한 당신 어깨에 널고
내일은 시끄러운 바다로 나아가야지
다시 침묵을 노래해야 할 터

간이역 열차시간표를 타다

역의 내부는 꽉 차 있었다
텅 비었다는 것은 당신의 오해일 뿐,
잡초 듬성한 플랫폼으로 서둘러 바람이 들어선다
걷고 싶은 길은 집 밖에 있었다
기차는 신발만 남긴 채 떠나버렸고
늙은 어머니는 바람 같은 아들을 기다렸다
집착이다, 돌아오지 않을 것을 알면서도
녹 슨 철길이 할 수 있는 것은 그저 기다리는 것뿐이다

열차 시간표의 빈 칸으로 들어간다
잊혀진 것들이 쏟아져 나온다
늙은 역장의 미소, 통학생들의 재잘거림,
한 때 시간표는 꽉 차 있었다
내가 길 위에서 뒹굴 때 기차는 제 길을 벗어나지 않았고
내 젊음도 늘 꽉 차 있을 줄 알았다
어느 날 기차는 오지 않는다
언제부터인가 사랑도 그러하였다

반반한 명함 한장 없는 시간은 바삐 늙어갔다

바람은 언제나 남의 모습으로
자기를 보여준다
어디론가 달아난 아이는
한번쯤 다른 모습으로 다녀갔을 거다
만나는 시간이 정해져있다면 설레임은 없었을 것
두 선로는 딱 그만큼 떨어져있다
손 내밀면 닿을락 말락한
그렇게 멀지도 그렇게 가깝지도 않은 사이
그것이 진짜 사랑이라고 생각해 본 적이 있었다

역사는 해어진 이름표를 삐뚜룸이 달고서
엉거주춤 서있는 바람을 토닥거린다
열차표 빈 칸은 언제나 떠날 수 있음을 알려준다
내 그림자가 타고 있는 기차는 돌아오지 않는다
텅 빈 곳에서 숨은 기차를 끄집어낸다
막막하다 길 위에서 길을 찾는다는 것
나의 길은 어디에서 막혔을까

소원 성취

지하철을 타고 간다 지하로 향하는 계단은
언제나 한 발짝 먼저 내려간다
동굴 같은 코를 들이대고, 어제 버린 희망을 파헤친다
값나가는 유물은 가장 깊숙한 쓰레기 더미에 있다
용트림하던 허기가 지쳐가는 오후 3시,
지하 분식센타에서 살풋이 잠든 허기를 깨운다
출구가 가까워질수록 더 멀어지는 하늘
지상의 하늘은 참 높구나
밭고랑 같은 지하도 몇 개 넘어 건진 유물들
오늘의 허름한 저녁과 맞바꾼다
희망이란 말은 휴지처럼 구겨진 지 오래,
반지하 셋방에 컴컴한 몸을 누인다
잠들지 못하는 꿈은
어두워질수록 더 반짝이는 절망을 헤아려보곤
웅크린 채 스스로 별이 되었다
죽은 자의 아파트 로얄층
지상 1층은 끝끝내 하늘 보다 높다

다행이다
한달 만에 노인이 발견되었다

가족 사진

서로의 어깨를 껴안는 것

그리고 몸을 맞대는 것

모두 한 곳을 쳐다보는 것

말하지 않아도 무슨 말인지 아는 것

그렇게

오랫동안 서 있을 수 있는 것

하늘바라기 폭포

참을 수 없어!
이렇게는 살 수 없다고
높은 바위에 올라 뛰어 내린다네
묵은 고름 짜내듯
썩은 소리가 바닥을 뚫고 튀어오르네
바위도 오랜만에 무거운 몸 풀었는지
달라붙은 앙금이 밑 씻은 듯 사라진다네
고인 물은 터진 입술을 다시 꿰매고
콧노래 흥얼거리며 제 갈 길 간다네

벼랑 끝에서 투신한 저 여자
늘 미수에 그친다네

가로등

그는 불을 밝히기 시작한다
훨훨 날던 날개는 어디에서 잃었는지
툭 불거진 눈알, 키다리 장승을 닮아간다
눈을 부릅뜰수록 어두워지는 세상살이
당신은 바쁘게 서서 살아 왔구나
삼베옷 같은 성긴 졸음이 깜박거리면
어둠은 삭히지 못한 하루를 토해내곤 한다
움츠려들수록 늘어나는 여윈 목,
기댈 수 없이 구부러진 세월이 참 무겁다
먹이를 구하던 손발은 퇴화된 지 오래,
불빛은 초겨울 허수아비처럼 서서히 기울어지고
어둠의 통로는 조금씩 깊어진다
부릅뜬 눈길이 앉을 곳을 찾는 순간
허공이 온전한 집이었음을 알겠다
어둠은 손에 잡힐 듯 딱 그만큼만 도망가고
멀지도 가깝지도 않은
그 거리만큼 살아 왔는가 보다
세월의 절벽에서 대롱거리는 환한 불빛들
자식들 손바닥 아래에서 서서히 꺼져간다
새벽에 별 하나 기울어진다
어느집 가로등 하나 지금 달려나가고 있다

금요일 오후를 생각하다

불온한 말들이 먼지처럼 떨어진다 하루가 축 늘어진다 이반 데니소비치의 하루를 빌리고 싶다 창문을 열자 부자연스러운 침묵이 사라진다 목련꽃 봉우리가 터질 듯하다 낡은 시간이 곧 벗겨질 듯. 내 귀를 끌고 다니던 전화벨소리 지금 내 귀를 엿듣는다 삭지 않은 말찌꺼기가 기어이 기어나온다 허공을 가르자 구멍이 뚫리고 모두들 감추었던 제 얼굴을 꺼내본다 다녀간 얼굴이 모르는 체 한다 구두소리가 바닥에 끌린다 버려진 말이 밟힌다 한번이라도 귀 기울인 적이 있었던가 탈진한 시간이 멈춘다 버려진 꽃들은 바뀌는 계절을 빌릴 수 없을텐데

5시 반, 침묵하던 금요일이 탈옥을 시도한다 길을 모를 때는 작은 돌부리에도 넘어진다지 환하게 웃는 봄꽃 사이에서 헤맬 테지 조만간 다시 붙잡혀 올 테지 출렁출렁 간절한 소망은 월요일을 두드릴 테지 탈옥한 시간이 한주 내내 아우성치던 소리를 거두어간다 우리는 얼마나 더 상처주어야 하나

목련꽃 밥상

어젯밤 햅쌀 이는 소리 들리더니
나무들 오늘 한상 그득 차려놓았다
바람이 들어와 한 숟가락씩 떠먹고 지나간다
저렇게 한 그릇으로 온 허기를 떠받치고 있다니
공복인 봄날이 푸짐한 생일상을 받는 것이다
집 한 채 없어 허공에다 밥상을 차리는 목련나무들
밥물처럼 넘쳐흐르는 햇살이 알맞게 뜸을 들인다
사방에 퍼져나가는 꽃이 뜸 드는 냄새
쳐다보는 웃음소리 고들고들해진다
온종일 바람이 먹어도 줄지 않는 흰 밥그릇 송이송이
한 끼 밥을 위해 수없이 고개 숙이던 사람들
오랜만에 고개 젖히고 깔깔 웃음을 날린다
혹시 모자랄라 무너질 듯한 고봉밥을 퍼담은 나무
오늘밤 그 울음소리가 구성지게 들린다
다 담지 못한 하얀 쌀밥이 바닥에 흥건하다
밥투정하던 발길이 무심히 밟고 지나간다
누른 밥처럼 푹 퍼진 꽃봉오리 서넛
늦게 도착한 빗줄기가 허겁지겁 먹어치운다
보름간의 잔치는 끝났다
빈 그릇을 흔들며 환하게 웃는 나무
꽃 떨어진 자리에 푸른 이파리를 심는다
내년에는 흰 쌀밥을 더 흐드러지게 퍼담으려나

숯불

움직임을 멈췄다
살아있는 모습 그대로다
바람이 흔들어도 자세 흐트러지지 않는다

꽃 피우던 시절의 번뇌를 벗어나려는가
물조차 끊고 참선중이다

펄펄 끓는 아궁이 속에서 조용히
열반涅槃하고 있다

입적入寂한 나무
타버린 등뼈 꼿꼿이 세우고 있다

난 아직 꽃을 피울 수 있단다
마침내 빠알간 꽃이 되어버린
소신공양하는 저 몸부림

남은 재 한주먹
바람보다 더 가볍다

가로수 가지치기

여름에 보았을 때
여자는 자장가를 부르고 있었다
지난 봄날의 아픔은 벌써 잊은 듯
백일 지난 이파리 두서넛
흔들흔들 춤추고 있었다
여자의 집은 길가이다
바람이 수시로 배부른 허리를 떠받치고
여자는 숨을 헐떡거리고 있다
나는 외면하며 지나간다
배나무가 딱총처럼 흰 꽃을 빵빵 쏘던 날
그녀는 안간힘을 쓰고 있다
봄날은 쓰러지고 가로등이 안쓰럽게 내려다보고
뾰족한 가시 한잎 돋아나지 않은
아스팔트 사막의 선인장
여전히 숨을 헐떡거리고 있다
매년 아이를 잃어버리고 매년 아기를 낳는
폐경기를 모르던 여자
이렇게 끝낼 수 없어
5월이 다가도록 헛구역질만 하고 있다
나는 오랫동안
그녀 곁에 서 있어 주었다

잡초의 꿈

잡초는
애당초 집같은 건 바라지 않았나 보다
쓸 만한 자리는 허약한 놈들에게 내어주고
단단한 돌 틈에 끝끝내 뿌리를 내린
그 고집이 질기다
집 같은 건 필요치 않아서
아무데나 씨를 뿌릴 수 있을까
벌써 이파리를 꼿꼿이 펴고
돌 하나를 쩍 갈라놓았다
두려워마라 잘려지고 뽑혀져도
끝끝내 자리를 비워주지 않는다고
한창 잘 나가던 시절엔 큰 바위 하나쯤은
산산조각 내었다
지금 이 자리에서 꿈꾸는 것은
이 돌담을 정복하는 것
아무도 부수지 못한 이 산성을 무너뜨려
잡초의 성을 쌓는 것
산꼭대기에서 바위 하나 굴러올 때마다
잡초는 아랫도리에 힘을 준다
우지끈
오래된 걱정 하나 떨어져 나간다

정情

지나고 봉께 참말로 징하구마이 긍께 세월만 토막토막 냈을 뿐인데 말씨, 어떤 때는 잘 끊어지지 않더라고~ 그때 그때 무우 짜르듯이 타아악 탁 잘라냈으믄 이 고생은 아니제에~ 질기제 인연이란 놈 말여 끊었다고 생각했는디 새끼 밴 비얌처럼 가슴에 또아리 틀고 있응께 아들아 너는 거시기가 자리 잡기 전에 진즉에 잘라버려라잉~ 그거시 칭칭 감으면 한평생 너는 옴짝달싹 할 수 없을 팅게 이 애비처럼 말여~

밤늦도록 아버지가 낫을 가신다
날이 하얗게 설 때까지 멈추지 않는다
어머니가 돌아가실 즈음
숫돌이 움푹 패였다
입관하는 어머니 가슴이 움푹 패였다

환생

굵은 몸통이 잘려나가자
푸른 비명들 뿔뿔이 흩어진다
순간의 파문이 백년을 간다고 했던가
나이테는 안쪽부터 희미해져 가고
오랜 시간이 흘러도 중심은 살아나지 않는다
멀리서 온 바람이 주술을 외듯 맴돌자
나무 밑둥에 곁길이 피어난다
뿌리의 굵어진 절망을 이미 맛본 듯
조심스레 푸르른 기억들을 밀어올린다
이제부터 새로운 주어들이 계절을 불러들일 것이다
장작을 패면서 생각한다
한 때 세상의 높이를 재던 나무들
절망의 수위를 조절하는 중이라고
중심을 잃어버린 세상에서는
기쁨과 슬픔의 높이는 같다
어느 한쪽이 부풀어 올랐는지
해마다 속앓이를 더해가는 슬픔들
그의 안쪽에서 거대한 숲이 자라기 시작한다

원점 회귀

거꾸로 걸린 흑백사진 속에서
돌아가신 아버지 모자를 쓰고 근엄하게
한 말씀 하신다
욕심으로 무거워진 몸뚱이
더는 지고 다니기 힘겹구나
한평생 호령하던 머리는 그만 땅을 이고 누워라
갈라진 발꿈치는 이제
질척거리는 황토와 질긴 정을 떼어내고
하늘을 실컷 밟아 보거라

물구나무 선 작달막한 다리 위에 얹혀진
낡은 구두
처음 본 하늘을 향해 외친다
푸른 흙아, 이제는 너를 밟아야겠다
잠시만 돌아보니 하늘이 내 발 아래인 것을
반백의 머리를 맨발삼아
스카이 콩콩을 타듯
누운 하늘의 기운을 누르고 있다

부르튼 발바닥과 기름기 자르르한 머리
서로의 원점을 찾고 있다
지금 전생과 후생의 업보를 치르고 있다

지독한 사랑

입술을 열고 달콤한 혀가 밀고 들어온다
끈끈한 침이 조금씩 흘러나오고
부드러워진 혀놀림 빨라진다
혀와 입술의 부딪침은 무엇이 그리 급한지
어둠 속에서도 조금도 어긋나지 않는다
매일 맞물려 돌아가는 둘은
지독한 사랑에 빠져있다

사랑도 지나치면 침이 말라가는가
쩍쩍 갈라지는 돌기 틈에 비늘이 돋아나고
어쩌다
혀놀림에 삐거덕거리는 소리 들린다
날 세운 두 바늘은 떼어 놓지 않으면
죽을 때까지 물고 뜯을 것이다

뜨거운 사랑을 나눈 뒤
미움은 또 왜 그리 지독한가
헐떡이던 내 손목시계의 톱니바퀴
드디어 발걸음 뚝 멈추었다
온 세상이 고요하다

소낙비

심상치 않다
오고가는 행인처럼 지나치는 줄 알았는데
오늘은 작심한 듯 몰려온다
첫 마디에 땅이 패이고, 그때 알아챘어야 하는데
늘 오고 가는 구름을 쳐다보는 것처럼
시들한 일도 없다

봄비는 실뭇처럼 내렸다
마른 내 몸뚱이에 천천히 내리꽂혔다
안경이 부서질까 두려워 대항하지 못했다
실뭇은 밤새 창문에 박히려다 미끄러져 내리곤 했다
한번 잠긴 문은 좀처럼 열리지 않는다

성난 빗줄기는 점점 굵어지고
뭉개진 하늘은 벼린 혓바늘을 내리꽂는다
내가 뱉은 말이 다시 돌아와 가슴을 찌른다
소리가 그치고 총총한 못이 다 빠져나갔다
그녀의 도마질 소리 경쾌하다
한 호흡이 끝나고
어둠속에 빗소리 깊숙이 박혀버렸다
사방이 조용하다

사선射線에 서서

곧 고비사막에서 꽃대포를 쏠 것이다
봄 깊숙이 침투한 산수유
겁먹은 듯 노랗게 질려버린다
꽃샘바람이 완강히 버틸수록
꽃씨는 화약을 더 장전해야한다

벚나무가 방아쇠를 당기려한다
나비가 노랑 빨강 깃발을 펄럭이면
아지랑이 연막을 뚫고 융단폭격이 시작될 것이다

동백꽃이 드디어 꽃망울 심지에 불을 붙인다
봄별 아래에서는
어디에도 피할 곳이 없다

사선에서 망설이면 죽음이다
몇몇 지난 봄날은
불발탄이었다

벚꽃 저격수 민들레 소총수
일동 거총!!

쏴라 ~~

무장해제 당한
햇살이 괜히 의심스러워,
다시
화약 장전하는 꽃몽우리들

또 뒤집히나

집으로 가는 길

발이 아프다
꽁꽁 언 발자국을 건져 올린다

허공을 걷고 있는 눈송이들
갈 길을 숨겨 놓았는지
텅 빈 하늘을 휘청휘청 걸어간다

흰 길이 물속으로 사라졌다
산이 있고 강이 있어
길이 생겼다
울퉁불퉁한 산이 가만히 발바닥을 내민다
따뜻하다
꽁꽁 언 강은 제 허리를 잘라내어
집으로 가야할 길을 터준다

젊은 날 몇 개의 길을 내었다
그리고 지웠다
지운 길이 가슴에 깊이 패였다
지금 아프다

어머니의 구두

어머니는 언제나 구두를 신고 계신다
일할 때도 잠잘 때도 벗지 않으시는
얇은 구두 한 켤레
구멍마다 다섯 끈이 조여들수록
상처 난 가죽에는 실금이 간다
포마드 바른 머리칼보다 더 반짝거리는
백구두 소리가 골목골목을 간섭한다
아버지 걸음걸이를 뒤따라 줍는
어머니의 뒷축은 터질 듯 갈라진다
소가죽 구두처럼 질긴 늦바람, 화르르 화르르
단풍잎이 한껏 광내는 날
어머니는 구멍 난 양말 속으로 사라졌다
구두 골이 앙상하게 드러난 몸뚱이, 누가 볼세라
오동나무 부츠를 서둘러 신겨드렸다
바람 부는 날 내 맨발을 내려다 본다
버선 안에 꼭꼭 감추었던 235 미리 구두
내 아내는 어디에서 벗어버렸을까

겨울산

초록 장옷은 벌써 잃어버렸다네
매끈하던 속살, 조금씩 얼어 터진다네

동지섣달 긴긴 밤 어떻게 넘길거나
짚고쟁이 한 장 걸친 나무들

한여름 내내 울먹거리던 골짜기 개천들
눈물샘이 다 쓴 치약처럼 말라간다네

단념인가 미련인가
죽은 이파리 몇 장 꼭 움켜쥔 저 여편네
치마끈 사이로 배불러온다네

흰 소복을 벗지 못한 채
홀로 속앓이를 한다네

핸드폰을 여는 순간

아침에 일어나면 거미는
제 거미줄부터 살펴본다
파르르 떠는 나비 날개가 보이면
곰곰 생각한다
그러다가 나비가 날아온 쪽으로 꽁무니를 치켜든다
이상한 기호들 끝없이 뽑아낸 뒤
어디론가 펄펄 날아간다
이제 어리석은 곤충들이 다투어 찾아올 거야
어디선가 몰려온 이슬방울을 엮어
빈 방에 다시 거미줄을 친다
꽉 찬 방문을 여는 순간
갑자기 목을 칭칭 감는 독거미떼
아뿔싸
영롱한 색깔 뒤 숨은 저 음흉한 미소
날개 빛 고운 나비처럼 날아와
나를 꽁꽁 묶으려는 저 질긴 독거미 줄들
꽁무니 안테나에 불이 반짝거린다
또 줄을 치려는가

마트로시카 인형* 찾기

드디어,
꽃구경을 갔다
구경온 사람들, 스스로 꽃이 된다
나도 꽃봉오리 터지듯 꺄르르르 웃어보았다
철렁, 벚나무가 휘청거린다
뒤돌아보니 주름진 얼굴이
가지에 걸려있다
지난 겨울, 보고 싶은 얼굴을
가지에 촘촘히 새겨 두었다
꽃잎은 마주 보지 않았고
바라보는 곳이 모두 다르다 사람들
잃어버린 얼굴을 찾아 연신 디카를 들이댄다
벚나무는 절반밖에 문패를 달지 않았다
진통은 수시로 찾아오고
봄바람이 안쓰럽게 들여다본다
서러운 봄날의 산고는 몇날 며칠 계속될 것이고
오늘밤 잠실 5단지 주민들
떨어진 꽃잎처럼 뒤척거릴 것이다

마지막 문패는 열리지 않았다
꽃이여

깜깜한 세월에 갇힌 내 얼굴을 꺼내 주세요
겨울밤 제 곁에 있어준
가장 오래된 이름을 마지막에 열 것이다
문패를 달지 못한 나무들
스쳐 지나가는 이름을 여섯 번씩 주워 담는다
우리는 깔깔 웃으며 바닥에 떨어진
서로의 얼굴을 밟고 지나간다
사람들 천천히 제 얼굴을 잊어버릴 것이고
나는 다시 몇 겹의 가면을 써야 한다

* 마트로시카 인형 : 러시아의 전통 목각인형을 말하며 사람의 얼굴이 그려져 있음. (몸통 안에 작은 인형을 넣어 보통 6개 이상 담고 있음)

제기차기

꽃이 피어난다
꽃이 떨어진다
하늘 바라볼 땐 꽃이 피는가 싶더니
땅을 내려다보면 꽃이 금세 져버린다
너를 만나러가는
내 발자국마다 피는 꽃
헤어질 때면
허공에서 지는 꽃

여덟, 아홉, 열…
꽃은 빨리 피고 싶은데
만남이 어긋나는 순간
꽃술은 안간힘을 쓰다가 푹 쓰러진다
스물, 스물하나..
가쁜 숨 몰아쉬는
몸 무거워진 꽃
드디어 꽃잎을 활짝 피웠는가
기쁨의 탄성이 허공을 크게 가로지르다가
마지막 헛발질로
발끝에 핀 무지개 꿈 스러진다

내간內間*의 계절

꼬리가 잡혔다
잎 떨어진 나무, 지구가 안테나를 뺏는다
음모는 말라가는데 저것은 뭘 염탐하나
참새들의 지저귐을 뿌리에 저장했을 게다
장미향기를 꿀벌에게 전했을 게다 가만히 보니
마른 가지에 튀어나온 떨켜를 꾹꾹 누르며
바람이 누군가에게 타전하고 있다
떨어져 뒹구는 이파리들
네 쓸모는 여기까지
바닥에 찍힌 발자국들
이미 내 발바닥의 지문을 다 읽었다
찬별이 반짝거리자 마른 가지가 흔들린다
새 지령이 내려왔다
곧 플라타너스는 제 몸을 감추고
푸른 음모를 쏘아올릴 것이다
그 그림자에는 버려진 울음도 섞여있다
수염이 빳빳해진다
촘촘히 내 얼굴을 염탐하고 있다

* 내간(內間) :적을 매수해 간첩으로 이용하는 것 (고정간첩 비슷)

빗소리, 창문, 나

누가 밖에서 울고 있다
누가 안에서 울고 있다
눈 감은 창문이 소리없이 흔들린다
나는 조각조각 떨어지는 추억을 생각한다
저렇게 한 백년쯤 울다보면,
엷어진 내 귀가 멀어질까
바닥에 떨어진 추억을 주워본다
낡은 판자 위의 흔적을 지우는 계절
너는 아예 창살 틈으로 들어가
아픈 물방울의 비밀을 들어주면 안 될까
송알송알, 유리창 밖의 의문부호들
밤새도록 봉인은 풀리지 않는다
마른 추억을 다독거리는 새벽
그렁그렁
누군가 밖에서 울고 있다
누군가 안에서 또 울고 있다
창문을 열자, 빗소리가 와락 안긴다
흔들린다는 것은 속울음을 지운다는 것
원래 창문이란,
좀처럼 속을 내보이지 않는다

숨은벽*을 찾아서

바위는 얼굴을 내보이지 않는다
단단하다는 것은 당신의 오해일 뿐,
이끼보다 푸른 마음 구석구석
늙은 소나무가 쩍 갈라놓았다
썬크림 바른 햇살들, 올챙이국수처럼 떨어져 나간다
찰라, 바위의 한숨소리가 들렸던가
다녀간 발걸음의 막막함을 생각한다
누군가의 발에 채였던 자리 움푹 패여 있지만
북한산은 기억이 나지 않는다
마음은 몇 번이나 길위에 뒹굴어야,
비로소 워낭소리 들린다
바람골의 갈비뼈는 너덜너덜해지고
벽의 내장은 텅 비어 있다
세상의 모든 존재는 이름 하나로 통하는 것
초여름이 산산조각 나고서야
자신을 스스로 가두었음을 안다
등줄기 닳고 깨진 자리마다
자꾸만 풍선처럼 부풀어 오른다
나의 벽은 어디에 숨었을까

* 숨은벽 : 북한산 북동쪽 능선 이름

세모歲暮

먼 곳의 내일을 찾아
길 떠나고
두고 온 어제가 아쉬워
다시 돌아온다
잠드는 이
일년치 꿈에 시달리고
잠깨는 이
반근 삶에 부대끼네

처음이 설레일수록
끝이 서러울수록

33번째 종소리를 더욱 사랑하자

그대 오늘밤
떠나는가? 돌아오는가?

봄날의 장좌불와長坐不臥

푸르디 푸른 그늘은
주체할 수 없었다
수백 번 시절을 뒤집었다가
마침내 갈라지고 터진 수의로 갈아입는다
조용히, 격렬하게

환장할 것 같은 함박눈을
머리에 가득 인 채
벌써 저승 꽃을 피우면 어떡하나
또 다시 푸른 시절을 묶어두려는 듯
잠실 5단지 늙은 벚나무들
지금 봄 안거安居 중

흰 물음표 하나 떨어질 때마다
꽃꽃, 검은 몸꽃
꽃잎 하나 쩍 갈라진다

손톱 깎는 밤

손톱이 자란다
손끝이 딱딱해지는 것은
하지 못한 말들이
내 몸을 박차고 나간다는 것
그러면 눈이 내린다
구름이 뭉텅뭉텅 손톱을 깎고
1년 동안 늦자란 말들이 쏟아져 내린다

싸락싸락,
잘린 손톱 떨어지는 소리
허공이 추억을 업은 채 중얼거린다
아직 살아있느냐고, 할 말이 남았냐고
시퍼런 새벽이 문을 여는 순간
뽀드득 뽀드득, 밟히는
녹지 않은 말들이 죽어가는 소리
그 위에 유언장처럼 선명한 발자국들
눈 내리지 않는 겨울 밤
차라리 비라도 와라
그러면 내 손톱 아래 가랑눈이 쌓인다

하고 싶은, 하지 못한, 할 수 없는, 해야 하는,
그리고 했던.

눈부처瞳人

나는 주춤주춤 자리에 앉는다
사내도 따라서 앉는다
그녀의 눈동자 속 조그맣게 줄어든
사내가 울기 시작한다
앞자리의 그녀는 웃고 있는데
나와 사내는 울고 있다

마침내 그녀가 일어선다
사내도 같이 일어선다
젖은 내 눈물샘 아래
그녀가 떨어뜨린 그림자 가만히 앉아 있다

꿈속에서 미소 짓는다
내 눈썹에 앉아있는 그녀
앞자리에서 울던 사내를 담아간
그녀, 밤새도록 그의 눈물을 닦아줄 것인가

내 눈동자 속에서 작아진
그녀와 내 그림자
지난밤 이야기를 묻는다
말없이 까만 나비의 날갯짓으로
파르르 파르르르 떨면서

목련

봄날은 어쨌든
눈길 한번 주지 않는다
그럴 땐 모르는 체 할 수밖에 없다
그러면 시그륵 시리르륵
눈이 다시 내린다

내리다 멈칫
허공에 걸린 꽃

문득 뒤돌아보면
당신은 그렇게 다가왔다

바람이 죽은 가지에 뜸을 뜨는 동안
나무는 사추리가 근질근질해진다

계절이 가벼워질수록
잊는 것이 쉬울 줄 알았다

여윈 주머니에 구멍이 숭숭 뚫린다
봄날은 참지 못해서
말라빠진 상처를 한꺼번에 터트리곤 한다..

당신은 지금 망설이고
꽃은 상처투성이다

언제, 마른 딱지가 앉을건가
저 깊은 고름덩이들

회색 초원에서

배고픈 사자가 얼룩말을 전 속력으로 쫓는다 목덜미를 무는 순간 날카로운 이빨이 드러난다 길모퉁이에 이빨 자국이 선명하다 어젯밤 필사적으로 도망가는 길을 따라가 제 몸 뒤집힐 때까지 꽉 무는 바퀴, 갈가리 찢어진 길의 살점들 딱딱한 풀밭에 뒹군다 배부른 바퀴들, 언제 그랬냐는 듯 어슬렁 어슬렁 굴러간다

구두소리가 들린다 60센티마다 길의 살갗이 벗겨진다 구두코는 길의 살점을 머리부터 발끝까지 조금씩 맛본다 길의 상처가 아물 때까지 검은 신발은 피해 다닌다 새로운 무리의 길이 들어온다 맛보는 소리 또각또각 선명하다 뒤꿈치 이빨이 다 빠졌다 길바닥을 잇몸으로 문다 가죽만 남은 길, 언제 그랬냐는 듯 꼼지락 꼼지락 걸어간다

요절夭折

삼신할미의 손을 빌어
나는 꽃잎을 만져 보았네
그건 주름 투성이었어

잔주름이 온 몸에 퍼지는 동안
너는 미소 지었지
이토록 주름이 많으니
3.5 키로, 꽃이 피겠구나 하고

바람의 손을 빌어
나는 떨어진 꽃잎을 주워 보았네
탯줄도 끊어지지 않았어

네 몸뚱이가 가벼워져 남은 삶이 주름 잡힐까
한 때, 요절을 부러워했다

벚꽃이 다투어 바닥에 뛰어내리니
그대, 이제 말해주오
저 주름투성이
흰 유서에 남긴 슬픔을

우산

눈물을 흘릴 때
우리는 눈썹이 길어진다

오늘 소나기가 내리고
모두들
허공에 눈썹을 편다

속 눈썹 위를 구르는 방울방울들

누굴까?
저렇게 쉽게 우는 사랑이

반란

누군가 허공에 뿌리를 밀어올린다
땅속에 불편하게 숨어있던 햇살,
두꺼운 옷을 뚫고 투명한 발톱을 삐쭉 내민다
동상입은 눈송이들, 푸르딩딩 썩어간다
무디어진 뿌리를 봄바람 칼날에 가는 진달래,
절망하는 바위틈에 꽃을 박아넣는다
얼음이 녹는 동안 고기들은 강바닥에 바싹 엎드린다
새 가지가 잘렸다 숟가락 빼앗긴 플라타너스,
땅 깊은 곳에서 급히 이파리를 끌고 온다
목련 발가락이 하얗게 부어 오른다
벌침이 박히자 비명소리 붉게 물든다
삽살개에게도 뿔이 돋았으면 좋겠다
몸 근지러운 발자국들 아직 외투를 벗지 못한다
꽃샘바람이 수상하다
불온한 그림자들
하늘과 땅 사이를 뒤집어엎는 중이다

인디 밴드의 계절

한 아이가 울기 시작한다
부서진 계절이 실오라기처럼 풀린다
바람이 골진 갈비뼈를 훑을 때마다,
시타르는 목울대에 걸린 소리를 꿀꺽 삼킨다
산다는 것은 울음을 삼키는 것
달부카의 둔탁한 손이 커지는 울음을 토닥인다
차가워진 바람을 들추니 딱딱한 귀가 드러나는 시절
마두금, 알았다는 듯 조각난 울음을 제 귀에 가둔다
울고 있다는 것은 달래주기를 바라는 것,
마두금이 서서히 시위를 당긴다.
짧아진 침묵은 허공에 꽂혀 파르르 떨고있다

몽골사람들은 초원의 울음을 늘였다가 줄일 줄 안다
아르페지오처럼 멀어졌다가 가까워지는
가을의 떨림
나는 그들의 서러움을 채곡채곡 쌓는다
그리고 더 슬픈 소리를 찾아 나선다
허방에서 지친 울음이 죽어가고
시타르도 제 몸을 푸르르 떤다
주문을 외는 마두금, 전생의 삶을 활활 부채질한다

둔탁해진 달부카가 제 그림자를 둥근 몸속에 구겨 넣고
촉촉해진 내 귀를 붙잡고 울기 시작한다
나는 집시의 슬픔을 생각한다
또, 가을이다

* 마두금, 달부카, 시타르 : 몽골 현악기 이름

가을의 평결

"여름은 노다지 판이었습니다"
"알싸한 햇살 다발, 더는 훔칠 수 없어요"

바람의 진술은 어눌해지고
대 숲은 여위워가는 그림자를 백리 밖으로 눕힌다
노랗게 질린 은행나무, 횡설수설하고
단풍나무, 다섯 손가락에 피 묻었네

여름날은 누구나 맨 손이었습니다
살아가면서 희망이 탈색되면
나는 손때 묻은 장갑을 벗습니다
훌쩍 높아진 뭉게구름 하나
"저는 기억이 나지 않습니다."
증거부족, 훈방

묵비권 행사한 나뭇가지들,
느긋이 겨울잠을 청하고
단풍나무 맨 몸으로 수감 중입니다
그래도 행복은
잠시, 가을입니다

산불

굳이 하늘을 쳐다보지 않아도
봄 햇살은 피가 뜨겁다
마른 알몸 구석구석 파고들어
쭈그러진 젖가슴을 부풀어 올린다

제 맘대로 들어온 젊은 햇살 한줌
불장난이 서툴다
진달래 꽃보다 붉게 달아오른 자동차들
엿보려는지 서둘러 달려간다

눈 깜짝할 사이
꽃봉오리 맺었는가보다
반짝 피어오른 연기는 쉬쉬하며 흩어진다
조만간 검단산은
흐드러지게 옷 갈아입고
꾸역꾸역
배불러 올지도

흰 못 박히는 밤

눈 뜨면
다시 눈이 내렸으면 좋겠습니다
바람이 푸석해질수록 하늘은 날을 세울 테고
엉클어진 구름을 빗질하여
2대8 가르마를 탔으면 좋겠습니다

그러면 오래된 눈은
비듬처럼 떨어질 테지요
한살 더 먹은 골목은 머리가 하얗게 셀 것입니다
그리하여 눈송이는 처마 끝으로 내 몰리고
할머니 지팡이는 바닥에 구멍을 냅니다

아침이면 2대8로 구부러진
세월에 박히다 만 해바라기처럼 서서
나는
봄꽃의 흔들림을 생각합니다

흰매발톱 이베리스 로켓 싸리꽃 등골나물
꿩의다리 사랑초

그러니까 봄은 나의 자리를 잊어버렸는데

눈사람은 당신이 서있던 흔적을 이해할 것 같습니다

오늘 밤에는 정말
눈이 내렸으면 좋겠습니다
얼마나 박히고 흔들려야
언 가슴에서
휜 못 하나 빠질까

고로쇠나무

갈 곳 없는 시간은 차가워져갔다
바람이 떠날 때마다 기침소리 허공을 쩍쩍 가른다
그냥 살기에는 몸이 섭섭하다
바닥은 겨우 아랫도리를 가리고
먹이는 가지 틈으로 빨아들인다
눈꽃이라지, 얼음장갑을 낄 때면
언 발바닥이 찌릿찌릿해진다
마지막이라고 생각할 때 바닥은 제 몸을 내주었다
지금 당신은 깡마른 모습이지만
뿌리 끝에는 후끈 달아오른 꽃이 용틀임한다
바싹 마른 봄은 이산저산 각혈한다
달거린가, 년거린가
너는 고인 피를 쏟아낸다
묽고 투명한
조금씩 조금씩 뜨거워지는

썩을 년,
올 해는 얼마나 화냥질 할려는가

마지막 사랑을 찾아서

허공으로 올라왔다네
이제는 멀리 볼 수 있다네
흙투성이가 된 채 빗방울을 맞은 적이 있다네
발부리에 촘촘히 박힌 기억들은
빗물에 쓸려갔다네
고집 센 사랑은 흙속에 묻었다네
토끼풀 꽃으로 반지를 만들던
훨훨 날아간 열아홉 살이 궁금했었다네
오랫동안 지탱해 주는 것을 벗어나고서야
이파리가 4개라는 것을 알았네
손가락 하나 모자라지만
매끄럽게 빠져나가는 바람을 움켜쥘 수 있다네
허공을 기어오른 네잎 클로버
드디어 꽃을 피운다네
지루한 생이 또 흔들리지만
아직도 사랑 하나 모자란다네

꽃 한송이

남한산성 분교 뒤뜰에
꽃이 핀다
딱 한 송이만 핀다
상냥한 봄날을 독차지하다니
너무 예뻐서,
밉다
자세히 보니, 꽃에
나무가 매달려있다
가만가만 걸어가도 꽃잎은 흔들린다
바람이 수시로 얼마냐고 묻는다
흩어진 향기는 값이 싸서
꽃이 또 흔들린다
그렇게 당신은 더욱 움켜쥐는군요 빈 가지를,
어깨 쳐진 줄기를, 핏줄 드러난 발목을,

혼자다
란 말이 무섭게 그리울 때가 있었다
그러면 바람이 또 묻는다
한 송이로, 감당할 수 있느냐고

너무 오래 매달려 있었어

괜찮아요
자신이 꽃이라는 것을 버리고
무거운 계절을
뛰어내리고 싶을 때도 있었어요
꽃잎을 넓게 펴도 앞이 안 보일 때
그 때가 봄이다
하늘이 부황 든 계절만큼
가지와 땅 사이가 참 멀군요
그래도 푸른 잎사귀나마 씹을 수 있을 때까지
흔들려야 해요
아니
견디고 있잖아요 당신?

순장터를 짓다

오늘 한층 올라간다
바람 한 겹 가두고 햇볕 한줌 잘라낸다
나는 지상을 떠나 하늘로 올라갈 터
너희들은 죽어서도 나를 따라와야 해
무거운 돌은 부서져 제 몸을 먼저 묻는다
삶과 죽음의 경계는 희미해지고 하늘은 높이 밀려난다
언제부터 이 땅은 앓았을까
그리고 산 사람을 허공에 묻었을까
당당하던 20층 아파트는 망주석처럼 키를 낮추고
발버둥치는 바람을 왕릉으로 재촉한다
새 이름표를 단 석촌 호수
살아서 마음 한층 채우지 못했어
문득, 키 큰 크레인이 나를 매달아
부지런히 빈 층에 묻는다 오랜 후 저 무덤이 철거되면
바람의 유골, 햇볕의 주검이 발굴될 것이다

바람의 무덤 123층
나는 매일 순장殉葬 된다

나무는 호주머니가 있다

늙으면 돈이 최고랑께
나무는 호주머니를 주렁주렁 달았다
빈주먹이라도 채워야
여윈 어깨가 당당해진다지
헌 낙엽일지라도
주머니 꽉 찬 나무는 흐뭇하다
노숙자 주머니처럼 항상 불룩하다
낡은 추억이라도 저 옹이만큼
두툼했으면 좋겠다
잘나갈 땐 꽃주머니 주렁주렁 매달던
늙은 나무의 몸통은 텅 비어간다
그 많던 호주머니는 어디로 갔나
나무는 스스로 큰 호주머니가 되었다
무덤가에 올라 내 호주머니를 만지작거린다
가랑잎이 바스락거린다
어머니가 빈 주머니를 흔들고 계신다

빗새

처음 둥지를 잃어버렸다
비가 오면
이 나무 저 나무 옮겨 다니는
울다가, 웃다가
파도가 잔잔해지면
눈망울만 남은
새는

접바둑을 두다가
살아야지 살아야지 발버둥쳤다, 아니
다른 돌을 살리려다
함께 죽어버린 돌,
두는 손길은 무심하지만
버린 돌들은 제 역할을 하고 간다

비가 내린다. 또
빗방울이 바닥까지 잠수한다
이 나무 저 나무에서 울어대는
빗줄기를 반으로 접는다
17년을 가슴에 품은,
남은 세월이 먼저 뽑힌

새는

그 날이 가고
새는 둥지를 틀지 않는다

장미 넝쿨과 나 사이

7시간 동안 참다가
잠실역 8호선 역사 뒤편으로 갔습니다
누군가 벌써
담배 불을 당기고 있습니다
다 타지 못한 불꽃들
바닥에 수북합니다
한 개비로는 부족한지
또 한 송이를 돌돌 말고 있습니다
푸른 잎으로 말고 있습니다

그러면서, 제 몸을 태우고 있습니다
온 몸을
활활 태우고 있습니다

무궁화꽃은피지않았습니다.

나란히 서서
내 그림자를 피웁니다
꽃 한송이 피우기 위해
나를 태웁니다

길 아래 사는 버섯

축령산 비탈길이었다
삐꺽거리는 참나무 계단 아래로
집 없는 버섯들 모여든다
송곳 같은 집터를 촘촘히 박고, 한 뼘 벼랑 사이
손톱만한 지붕을 밀어 올린다
꽃무늬 유리창을 낼 줄도 안다
참나무숲에서 밀려난 버섯들
위험한 곳 중심이, 가장 안전하다고 들었다
태풍의 눈 같은 생은 흔들리지만
막막한 발걸음은 빠짐없이 기록된다
반지하 셋방에서
한 가족의 죽음이 발견되었다는 뉴스가 들린다
아찔하다
사람들 발밑에 산다는 것이

벌어진 구두

문득, 구두 앞이 벌어져있다
한평생 입 다물고 살던 저 것,
할 말은 하겠다는 건지
걸을 때마다 입놀림이 조금씩 커진다
뒤축의 흐트러진 굽 소리를 온 몸으로 덮으려던
집밖으로 뛰쳐나가려는 발가락을 끌어안던
단단한 앞 축이 입을 벌리고 있다
구두를 벗어 찬찬히 본다
아무리 문질러도 젊은 날 때깔은 살아나지 않고
팽팽하던 가죽에는 실주름이 촘촘하다

상처도 오래되면 편안해지기 마련
하마처럼 쩍 벌어진 입이 잠시 멈춰선다
뒤축이 한마디 하자
그동안 끌고 온 길의 표정들 한꺼번에 터져 나오고
허물어진 앞축으로
자꾸 무게 중심이 쏠리고 있다
걸을 때마다 통증이 밀려나와
온몸으로 전해지는 딱딱한 파문들
흩어져 있던 길들을 불러들이는지
채 환하게 펴지지 않는 내 생의 이력과

잘 보이지 않는 뒷모습까지도 모두 갉아먹을 기세다
고단하고 익숙한 것들에 아교풀을 바른다
지나온 시간들이 희미하게 되살아나고
비포장 길들 납작하게 엎드려있다
들리는 건
길바닥의 침묵뿐이다

귀천歸川

연어가 돌아오는 계절

물살 센 한 주일이
집으로 회귀한다

퇴근하는 금요일
등뼈가 너덜너덜하다

아가미를 벌린 채
주말은
지난 일주일을 헐떡거린다

죽은 후 다시 깨어나는 아침
휴일은
지느러미가 다 닳았다

월요일이다
하루가 푸다닥 뛰어오른다

살아야한다
죽기 위해, 다시 살아야한다

초분草墳이 끝났다

어떻게든, 죽어야 한다
그래서 산 채로 제 몸을 꽁꽁 얼려
도망치는 시간을 몸 속에 가둔다
파도소리를 허공에 매달고
축축한 기억을 벗어버린 눈깔들
허옇게 뒤집힌 시간을 탈출시킨다
누군가를 쫓던 지느러미도 잘라냈지만
두려운 동태들 서로 꼭 껴안고 있다
아무리 껴안아도 결국 한 마리씩 떨어져 나와
펄펄 끓는 솥 안에서 입 쩍 벌려야 한다
흰 거품과 파도소리까지 울궈내면서
남아 있던 시간이 분분 초초 쏟아져 나온다
그제사, 등뼈는 고단한 짐을 내려놓고
꼬리는 바다의 움직임을 멈춘다

젓가락을 들고 즐겁게
유골을 수습한다
슬픈 본장本葬은 없다

장마

늙은 나무들이 긴장한다
사람들은 서둘러 출산 준비에 들어간다
진통은 끊어질 듯 멈추지 않고
그 때마다 굵은 빗줄기 한바탕 쓸고 간다
출산은 아직 멀었는가 보다
나무들은 지치고 이파리가 대신 용을 쓴다
우르르 쾅
양수 터지는 소리
절정의 순간은 번개처럼 지나가고
여인의 손톱자국이 이곳 저곳 남아있다
몸을 푼 아침은 여느 날 보다 맑다
여자는 내년 여름 만삭의 몸으로 다시 찾아들 것이다
빗줄기가 떠난 자리
한껏 싱싱해진 풀들이 임신을 꿈꾼다
와락
불볕더위가 달려든다

한 표

모범적인 물고기가 선거에 출마했다
손에 적당히 힘을 주고 두세 번 흔든다
악수 잘 한다고 소문이 났다
신이 난 물고기
팔을 쭉 뻗어서 상대방을 끌어안았다
바다가 제 것인 줄 안다는 뒷말이 많다
이번에는 등을 두드렸다
친한 척 한다고 수군거린다
손에 힘을 꽉 주었다
표를 억지로 뺏으련다는 쑥덕공론이 났다
손바닥을 아래로 폈다
벌써 당선된 척 한다는 소문이 퍼진다
손이 아파 손가락 두개를 내뻗는다
뒷 힘이 없다는 풍문이 꼬리를 문다
축 늘어진 지느러미를 내밀었다
유권자들은 죽은 사람 손 같다고 피한다
선거가 끝나고
지느러미가 다 닳았다
악수할 수 없는 모범적인 물고기
어물전 좌판에 올라와
동그랗게 몸을 말고 있다
온 몸으로 악수하는 법을 익히는 중이다

벚꽃 지다

하얀 나비떼 날갯짓을 시작한다
동그란 고치 속에서 한 겨울을 난 어린 것들
기지개를 켠다
가지 끝에 튼 둥지 속에서
파르르 날개를 떤다
짧은 봄, 원망할 여가 없이
떨켜 깊숙한 곳에 알을 깐 나비
하나 둘 떠나간다
부르르 떠는 날갯짓
찢어진 조각이 바람에 흩날린다
죽은 어미의 날개자락이 연분홍빛으로
둥지 아래에 수북이 쌓인다
떠들썩한 잔칫상은 텅 비었다
떠난 그 자리에서
꼬물꼬물 기어나오는 새끼들
푸릇푸릇하다

학춤*을 추다

나는 한 마리 새가 되었소
깃털 없는 날개로 한번 날아보려고 했소
한쪽 날개에 배고픈 자식 끼고
다른 쪽 날개에 병든 부모 품고
푸다닥 푸다닥
장닭처럼 홰를 쳐 보았소
한 뼘도 오르지 못한 채
놀란 꿩은 땅바닥에 처박혔소
그동안 지렁이처럼 흙속에서 꿈틀거렸소
날개 꺾인 통닭이 되어 대롱거리지만
죽기 전에
나는 학이 되겠소
뼈만 남은 날갯죽지를 퍼덕거리고 있잖소?
곧 날아오를 것이요
빈 손바닥 잡아주는 유유창천을 향해
훨훨 활활 불타오를 것이요

* 학춤 : 조선시대 형벌의 일종

소원의 벽

— 줄포공원 후스상 앞에서

부안까지 달려왔지만
딱히
할 말이 없구나

그냥 돌아서다 아쉬워
뒤돌아보았지

가랑잎 하나
빈자리를 맴돌고 있네

"나에게 사랑이란 무엇일까?"

기쁨보다
슬픔을 줍는 11월

당신 몸 구석구석
알 수 없는 비문秘文을 새기고 있다네

속앓이

거뜬히 나았는지
더
깊어졌는지

어쩜
돌이킬 수 없는지

체온은 점점 내려가고
온 몸에 붉은 반점이 돋는다

증상만
있을 뿐

가을 산은
약이 듣지 않는다

함께 그리고 따로

아버지가 대장암으로 입원했다
어머니 기침이 끊이지 않아, 겸사겸사 검사를 했다
폐암이다
아버지가 뱉어 낸 고달픔을
너무 오래 들이마셨다

옆 침대에 나란히 누웠다
간호사 올 때마다 아버지 잘 부탁한다고 고개 숙인다
환자인가 간병인인가
병문안에 익숙한 벚꽃이 고개 갸우뚱한다

아버지가 돌아가셨다
아버지 어디 갔냐고 찾으신다
많이 좋아져서 다른 병실로 옮겼다고 했다
쉬쉬하면서 장례를 치렀다

혼자 남은 어머니
아버지가 보고 싶다고 한다
지금 뭐 하시는가? 잠은 잘 주무시는가?
창백한 벚나무는 끊임없이
여린 바닥에 하얀 비수를 꽂는다

아버지도 엄마를 무척 보고 싶어 한다고 말하였다
엿들은 벚꽃 한 송이
두 뺨이 발그레진다

어머니 말수가 점점 적어지고
아버지에 대해서 더 이상 묻지 않는다
창문밖 벚나무도 마지막 꽃을 닫는다

20일 만에 다시 온 문상객들
복 많은 부부의 끝이란, 어쩌고 저쩌고
혀 차는 소리 바닥에 끌린다

제사상에 칸막이를 했다
두 분 떨어져, 환하게 웃고 계신다
다행이다
서로서로, 서로에게, 지금도 살아계시니

베이스캠프에 다다르다

갑자기 눈 앞이 캄캄해진다
가늠할 수 없는 그 곳이 내 얼굴을 노려본다
작년인가 눈보라가 덮쳤다지
문득, 푸석한 달무리가 봉우리를 에워싼다
모를 일이다
평탄한 길은 여기에서 부러진다
배부른 고양이는 출발점이 바로 정상이다
짐 실은 소처럼 길은 비틀거린다
먼저 오른 늑대 한 무리
길을 찾아 하늘로 컹컹 짖는다
별빛에는 굉장한 일이 있어야겠어
골짜기로 내몰린 눈동자에 달이 뜬다
알 수 없는 일이다
능선은 중허리에서 엉거주춤 앉는다
높은 봉우리는 골짜기에 박혔으면 좋겠다

명예퇴직 공고가 나붙었다
선발대에게서 아직 소식이 없다
알 수 있는 일이다
어정쩡한 산중턱 이 자리

공중부양

— 무늬접란에게

위로 저 위로
쑥쑥 내밀었으면
꽃이 될 텐데
별이 될 텐데

새끼 손톱만한 꽃잎이라도
피웠을 텐데
치덕치덕
피웠을 텐데

아래로 저 아래로
언 발을 내뻗어보지만
아픈 발가락 하나 받아 줄
바닥은 없네

외길 짝사랑
지금도 떠 있다네

2부

123층에 눈이 내린다

그 몸은 투명하다
그리고 새들을 통과시킨다
문을 꽁꽁 닫은 채
속을 환히 드러낸 채

새가 다시 날라간다
창문 너머를 벗어나기 위하여
창문 이 쪽을 바라보기 위하여

유리창에 금이 간다
창문의 투명한 뼈가 드러날 때
통과한 새가 창문 이 쪽으로 돌아올 때

거리로 나간 새는 허공에 머리를 박은 채,
떨어져 죽었다

금이 간 창문은 스스로 부서진다
어디에도 있는 것처럼
어디에도 없는 것처럼
여전히
투명한 채

문을 열다

벽을 허물고 한 사람이 나온다
한 사람이 벽을 부수고 들어간다
여기는 푸르른 지구
늙은이를 토해내고 값싼 사내를 꿀꺽 삼킨다
삼키고 뱉고 삼키고 뱉고
바람은 그림자처럼 들고 날 테고
문을 찾지 못한 나비는 벽을 타고 오를게다

철커덩, 회전문이 멈춘다
둥근 바다는 아가미를 열었다가 닫았다가
지구가 왜 한 쪽으로 도는지 알 수 없어
열리지도 닫히지도 않는
내 그림자를 가만히 밀어본다
벽이 허물어지고 투명한 문도 사라지고
이곳에 서서야 알았네
가야할 길이 돌아오는 길이라는 것

다문화 가정

고개를 넘자 머루 한 그루가 서 있다
집은 조용히 무너지고 있다

작은 송이가 한 입에 들어온다
완두콩만한 동생들이 한 방에 담겨있다

검은 알과 푸른 알이 섞여있다
아이들은 제자리를 찾아 씨앗 속으로 들어간다

가지가 조금씩 여위어간다
문득, 달빛은 아이들이 익었는지 맛 본다

씨앗을 후후 불어낸다
바람은 다 자란 아이들을 하나씩 뱉어낸다

마른 넝쿨 사이, 초승달이 부풀어 오른다
씨앗들, 다시 새 집을 담근다

고요가 발효된 빈 집을 마신다
또 다른 생이 익기를 기다린다

당신들의 천국

나무는 신발을 감추고 있었다
비가 오면 신발을 꺼내 신고 마을로 내려간다
사람들은 나무의 키가 작다고 한다
돌아온 나무는 밤새 허공에 매달린다

이파리 수가 적다고 수군댄다
나무는 제 살을 찔러 푸른 피를 흘린다
꽃이 피지 않는다고 난리다
난감한 나무
쭈그러진 젖멍울을 밤새도록 부빈다
가지가 길을 막는다고 불평한다
나무는 바람에게 부탁하여 제 팔을 자른다

길을 넓혀야 한다고 한다
고심하던 나무
신발을 벗고 보이지 않는 길을 떠나간다

나무가 쓰러졌다
잘린 자리가 선명하다
밤마다 꺼내 신던 신발 자국들

바람이 선풍기를 돌린다

선풍기가 돌아간다 깡마른 바람이 날개를 밀친다 치열하게 산 바람이 다투어 몰려온다 망속에 갇힌 날개는 날 수 없다 날개와 날개 사이 덫이 있고 날개는 바람보다 빨리 돌아간다 앞바람이 뒷바람을 잘라낸다 용케 피한 바람을 그물망이 잘라낸다 부채살처럼 찢어진 바람은 허공이 먹어치운다 아무리 빨리 날개를 밀어내도 바람은 단단한 세상을 통과하지 못하고 가야할 방향은 날개가 가리키는 쪽이다 날개는 스스로 돌지 못하고 바람은 한자리에 머물지 않는다 오래된 그물망에 바람의 시체가 거미줄처럼 걸려있다 세상은 제자리를 맴돌고 나는 세상을 돌리려한다 선풍기가 돌아간다 지친 내가 빨려 들어간다 정지버튼을 누르자 바람이 사라졌다 사라진 날개가 천천히 모습을 드러낸다 허공은 상처 입은 바람을 조용히 묻어준다 좌우를 살피던 목이 꺾인다 적막하다 바람이 멈춘 세상을 견딘다는 것이

장미꽃이, 또, 피었습니다

그러니까 러시아 미녀 춤이 예쁘다란 생각을 하다가 갑자기 흔들리는 장미넝쿨을 보았다. 잠실역 근처에서 말이다. 옷소매가 짧아질수록 당신 발자국은 길어진다. 이파리는 두꺼워진 고개를 갸웃, 바람이 붉은 꽃을 달고 있다. 꽃잎은 이 시절을 길게 늘이면 좋으련만 그늘은 계절을 촘촘 썰고 있다. 바쁜 꽃잎이 붉게 물들었어요. 튀밥처럼 부푼 봄은 떨어진 꽃잎이나마 달고 싶은데, 어쩌면 러시아 춤은 겨울이 긴 것을 알고 있다. 나는 꽃에게 가시를 키우느냐고 묻는다. 그 사이 지구가 반바퀴 돈다. 그 때 내 손은 파도를 불끈 쥐었다가 펼치곤 했었죠. 살아 있는 이름보다 죽은 이 중에 아는 이가 많아지는 계절, 그러니까 당신 가슴에 가시꽃이 돋아나는데 장미꽃이 대신 붉어집니다. 나타샤는 여전히 춤을 추고, 당신은 공동묘지 가운데를 울면서 뛰어갑니다. 필라멘트 끊어진 파도는 나를 이해해 주었으면 좋겠다. 눈물을 다 쏟았는지 장미꽃이 활짝 웃는다. 오늘을 지웠으므로 모든 해답은 나부끼는 바람만이 알고 있겠죠.

북극성 별빛이 흔들린다. 백 만년 동안 기다린, 사랑을 찾습니다. 나타샤는 여전히 춤을 추지만 한마디도 하지 않은 장미꽃이 또, 피었습니다.

날개를 찾아서

눈이 내린다 단단한 세상에 금이 간다 검은 천의 여백이 번져 나가고 우리는 원근법을 연다 주머니에서 녹슨 사랑이 꼼지락거린다 젖은 삶이 되새김질 한다 하릴없는 바람이 전생을 깨우고 눈발은 오래된 수수깨끼를 푸는 중, 눈송이 한 숟갈 떠 넣고 묵은 사랑을 99번 씹어본다 눈덩이는 먹을수록 더 배고프다 지금 눈사람이 위태롭게 줄타기를 한다 침묵의 그물은 바닥에 깔리고 싶어, 허물어진 발자국은 앞 쪽으로 기울어진다 추억은 가면을 벗고 눈송이는 홀로 내리지 않고 쓸쓸함이 오뉴월 양털처럼 춤춘다 거리를 뒹구는 소음들, 밟힌 기억을 중얼거린다 눈이 내리지 않는 12월은 눈썹이 슬픈 만큼 슬프다 가장 뜨거운 비는 눈인지 몰라 이 계절이 차라리 흉터였으면 좋겠다 나무에 흰 날개가 돋는다 푸드덕푸드덕 밤새 홰치는 소리, 눈의 뼈가 녹는다 날자 날아야지 눈 내리는 밤 젊은 이카루스는 어디쯤 날고 있을까

좌판

월세 보증금을 빼서 떡밥 한덩어리 말았다 배고픈 길바닥에 깔았다 사람들은 오지 않는다 우연히 집잃은 아이를 데려다 주었다 손님이 모여든다 모두들 주머니를 뒤적인다 다시 집잃은 아이를 찾아다녔다 손님들 북적거린다 집나온 아이를 불러모아 잠재웠다 찾아온 손님들 심드렁하다 그 집 아이가 아닌가 보다 떡밥이 떨어져간다 골목에는 아이들이 보이지 않는다 내 아이를 감췄다 골목이 시끌하다 지갑 여는 소리 들린다 신문기자들 유괴 기사를 쓴다 손님이 다시 줄어든다 아내를 숨기고 실종 신고를 하였다 손님은 늘지 않고 신문기자들 오지 않는다 갑자기 주인이 보이지 않는다 자작극이라니 납치라니 소문이 무성하다 손님 발길 뚝 끊겼다 나는 방송국 옥상으로 올라간다 제 몸에 단단한 바늘을 꿴다 마지막 미끼를 내 던진다

야수파의 계절

드디어 깃발을 들었다 모두들 숨죽이고 사내는 새 붓을 집어 든다 푸른 체하는 것들은 위선이야 사람냄새 죽은 짐승의 길을 찾고 싶어, 아픈 자리에서 꽃이 피어야 그 꽃물이 딱딱한 상처로 굳지 꽃이 진 세상을 그릴 색깔은 없어, 발가벗은 사내는 제 몸뚱이를 찌른다 저 빛깔을 놓치는 날 그는 자신에게 해고된다 짐승 울음이 도화지에 굴러다니고 깃발 밖의 세상은 붉거나 푸르거나 노랗게 변해야지, 이래야 한 시절을 견딜 수 있어 사내는 캔버스를 뒤엎고 계절은 참았던 울음을 한꺼번에 터트린다 바람의 색깔은 너무 칙칙해, 너의 색깔은 너가 그리는거야 사내는 다시 깃발을 메고 달린다 아찔하다 저 광기어린 붓질, 깃발이 스스로 붓대를 꺾자 세상의 삼원색이 완성되었다 우리에 갇힌 사내는 곧 제 정신으로 돌아올 것이다 우리는 백지에 흰 눈을 그려야지

봄날

공사판에 지렁이가 몸을 구불거린다 부드러운 어둠을 먹고 몸속에 길을 낸다 허리가 잘리면 몸밖에 길 하나가 만들어진다 퇴근하는 여자의 다리가 구부러진다 콘크리트에 틈이 생기고 발자국이 커지는 구멍을 메운다 빈둥거리는 하품이 입안으로 들어간다 소화되지 않은 피로가 천천히 걸어 나온다 시계 초침이 말뚝에 매여 있다 제자리걸음은 흔적을 남기지 않고 부풀어 오르는 시간을 뭉텅뭉텅 잘라낸다 나른한 고양이가 눈을 감는다 몸 밖으로 나오는 길이 끊어진다 방송 끝난 화면에 꽃들이 마구 떨어진다 갑자기 배가 고프다 창문은 좀처럼 열리지 않는다 바람은 틈새로 간신히 빠져 나온다 안에도 길이 있는지 궁금하다 주전자가 끓고 갇혀있던 길이 뒤집힌다 김이 솟고 견딜 수 없는 시간은 스스로 사라지고 나는 혼자 밥 먹는 일에 익숙해진다

공원에 노인의 헛기침이 굴러다닌다 자전거도 굴러간다 바퀴에 펴지지 않은 길이 묶여있다 집밖으로 쫓겨난 적이 있었다 잠시 길이 끊어질 뻔하였다 나는 가끔 아프다 빗소리가 귓전에서 튕겨져 나간다 봄비가 용케 제 자리에 떨어진다 누군가 나를 밟고 간다 나도 길이 될 수 있다

필론의 돼지

큰 비가 내린다 아우성이 뚝뚝 떨어진다 마른 땅은 빗소리를 수혈한다 허겁지겁 땅위로 올라오지만 너가 누군지 생각나지 않는다 녀석이 잘린 몸둥이를 꾸불꾸불, 내 허리가 괜히 아프다 상처는 딱딱해질 때까지 제 모습을 드러내지 않는다 녀석은 헐떡이며 제 몸을 늘였다가 줄인다 마침내 한 획을 그린다 아무도 쳐다보지 않는다

늙은 개는 태연히 창가에서 잠자고 있다 도시는 여전히 핏발을 세우고 나는 슬며시 눈을 감는다 아무도 나를 깨우지 않는다 다행이다 깨진 빗방울은 발자국에 숨어 까맣게 응고된다 그들도 곧 말라붙을 것이다 뭘 해야하나 구석으로 기어간다 한 획을 그리는 찰나 사람들이 무심히 밟고 지나간다 바닥에 흘린 마디마디 흔적, 사람들은 애써 해독하려고 한다 모를 때는 너가 해야 돼, 나는 죽은 체 엎드려있다 태풍은 한꺼번에 오지 않는다 나는 정말로 잠을 자야한다 쿨쿨체 쿠 우 울~ 체

달맞이 고개

달을 안고 살았다
어머니의 초생달은 조금씩 또렷해진다
보름달이 떠오르면 산산조각 났었는데,
지금은 주름진다
조금씩 떨어져 나가
반쪽이라도 달은 떠있다
무덤 같은 해가 얼굴을 가려도 여전히 주름투성이다
달은 흰 날개를 어디에 감추었을까
검은 카네이션처럼 피어나는 밤
하현달은 물동지에 앉아 시든 날개를 퍼덕인다
흰 달무리가 일렁인다
고개 너머 발자국 소리가 들린다
노모의 절벽 같은 눈동자에 그믐달이 뜬다
아직 달을 안고 있다

인큐베이터를 생각하다

막내동생이 곗돈을 훔치다 어머니에게 들켰다 끌려가며 애타게 불렀으나 나는 모르는 체했다 그 날 이후 오빠,형 소리는 수음처럼 불안하다 수염을 뽑고 자궁 속으로 들어간다 어머니와 배꼽을 연결한다 출렁출렁 물속은 따뜻해, 독방은 창문이 없지, 태엽 풀린 인형은 "오~빠~~ 혀어~엉~" 옹알거린다 어머니는 배가 부를수록 허기를 마신다 잠자는 동안 나를 복제하여 내보낸다 손톱을 매일 깎는다 나는 씨감자처럼 한 눈만 품고 잘려나가길 소망한다 마지막 거울 저편에 있는 나는 익숙하다 그리고 자꾸 커진다 마침내 거울이 깨진다 조각마다 막 태어난 내 얼굴들이 박혀있다 익숙한 번호의 전화가 오고 수화기에서 줄줄이 태어나는 나들, 반갑다 결국 서로 모르는 체하며 헤어진다 배부른 구름 열리고 양수 터진다 보지 못한 동생은 매듭이 되기 전에 풀어졌다 어미에게 조른다 나를 없애 달라 무정란처럼 나는 부화를 거부한다 또 그 소리를 낳으시렵니까, 어머니는 무덤 속에 들어가 임신 중이다

3부

다초점 렌즈 1

— 39살 등대

밤새도록
눈에 불을 켜고 찾아보지만

과수댁

그 놈이 그 놈이다

다초점 렌즈 2

— 폭설

맹물 같은 세상에
소금을 뿌린다

장아찌처럼 절은 골목길

배고픈 발자국들
우적우적 베어 문다

다초점 렌즈 3

— 횡단 보도

이렇게는 살 수 없다고
찬 바닥에 드러누웠지만
차들이 씽씽 밟고 달려간다

죽어도 죽을 수 없다고
스크럼 짜고 몸부림치지만
사람들 무심히 밟고 지나간다

다초점 렌즈 4

— 베아링

낡은 기계가
불공을 드리고 있다

삐그덕 삐그덕
염불 외는 소리

다초점 렌즈 5

— 단풍

꽃 지는 계절에
꽃이 피더라

오뉴월 꽃잎보다
더 붉더라

식어가는 내 젊음이
몸부림치더라

다초점 렌즈 6

— 인사발령(명예퇴직)

명예를
택했습니다

퇴직만
들고 갑니다

다초점 렌즈 7

— 종점에서

1
막차는 오지 않는다
어쨌든, 탔다고 치자

졸다가 깜짝 놀라
못미처서 내렸다고 치자
다시 두어 정거장 졸다 깨다가
종점에서 내렸다고 치자
참나원 원참나,
삶이 흐릿해질수록
정거장은 눈을 빼어간다

2
막차가 끊어진다
가로등은 졸린 듯 껌벅껌뻑
눈을 넣었다 뺐다
당신은 돌아오지 않는다

세월은 벌써 내렸거나
지나쳐서 내렸거나
아니면

가깝거나 멀거나
처음 눈 맞춘 아기처럼
당신은 나를 쳐다본다

그동안 나는 너무 멀리 갔거나
못 미치도록 가깝게 내렸다
오늘 밤
어디에서 내려야하나

다초점 렌즈 8
— 입술

있잖어! 들어봐, 응?
왼 눈썹에 금이 간다

조각난 시간을 모아모아
귓바퀴에 감다가
눈꺼풀에 걸치다가

당신, 듣고 있나?
눈동자에 쑤셔 박았다가
목덜미에 칭칭 감아 돌리다가

참내, 어디까지 말했더라..
팔 묶고 다리 묶고
꿈도 묶다가

오오, 헐거워진 세월은 반쯤 지워진다
아무데도 닿지 못한 하루
새벽까지 눈감지 못하는 쓸쓸한
당신의 외눈

다초점 렌즈 9

— 겨울나무

땅 아래 묻어둔
꿈이 얼었습니다

나는 더 차가워진
허공에 뿌리를 내립니다

다초점 렌즈 10

— 산다는 것

자벌레 한마리
이파리 칼날 위를 걸어간다

푸른 허공을 말았다가 풀었다가,

온 몸을 굴려
가야할 길을 재는 중

다초점 렌즈 11

— 갤럭시 S2 충전

느려지고
잠만 자고

서너 시간 밥만 축내는
식충이

네 속을 너무 오래
파먹었다

다초점 렌즈 12

— eBOOK 잠금해제

세우면
시가 돼

눕히면
소설이 돼

당신 마음
어찌 읽을까 잉?

다초점 렌즈 13
— 블랙홀

송판으로 담을 두른
집을 보았다
여기저기 구멍이 나있다

중심을 견디기 힘든
나뭇가지가 빠져나갔다

구멍은 점점 커져
세월은 블랙홀이 되었다

당신이 빠진 자리에 옹이가 박혔다

내 젊은 날이
욱씬욱씬 쑤셔왔다

다초점 렌즈 14

— 다초점 소리

수심가 떨림소리 한 서린 서도가락
채치는 울림마다 서러움 떨고 있네
화심花心에 덧씌운 춘정 부스러지니 헛 꿈일세

다초점 렌즈 15

— 풋사랑

봄날은 엷어지고 노란 꽃 한송이 피웠다네
덜 익은 사랑은 풋감처럼 떫었는지
빈 가슴에 묻은, 감물 지워지지 않는다네

다초점 렌즈 16

— 외눈박이 사랑

한라산 오름마다 갯사람 한 쌓이고
해당화 피고 지니 섬처녀 정도 지네
백록담 흰눈 내리니 섬과부 한숨 열 척이군

*오름 : 한라산주위에 산재해있는 조그마한 화산, 기생화산(寄生火山)

다초점 렌즈 17

— 노을

장은 서서히 파하는데
아직도 좌판을 비우지 못했는가
남은 햇살을 떨이하네

다초점 렌즈 18

— 봄봄

봄이 왔다
은행잎이 누렇게 들뜬다
술지게미 한 사발에
단풍나무 벌겋게 달아오른다
퉁퉁 부어오른
부황든 떡갈나무 이파리들
어떻게 넘을까
저 울긋불긋한 궁절窮節
봄이다
두 번째 봄이 온다

다초점 렌즈 19

— 메밀꽃

과수댁 흔들흔들 하얀 속살 비비꼬고
시리운 대궁마다 식은 피 뜨거워지고
지나는 나그네 바람 은근슬쩍 손 맛 보고

다초점 렌즈 20

— 출가出家

벌나비가 더는
찾아오지 않는다네

얽히고설킨 인연은
번뇌라는 영국사 은행나무
내려오지 않는다네

가부좌를 튼 채,
노랗게 물든
머리를 깎는 중이라네

다초점 렌즈 21

— 빨간 장미에게

꽃아, 그만 시들어라

나는 네게,
줄 것이 없단다

다초점 렌즈 22
— 태풍의 눈

왼 눈일까
오른 눈일까

내 눈 하나 빼줄까?

자장자장

다초점 렌즈 23
— 상가집에 가다

너무나 반가워서
두 번 씩이나 절을 한다

죽어야만
만날 수 있는 당신

이미 만난 적이 있는 듯
활짝 웃고 계시네

다초점 렌즈 24

— 사추기

요즘
그래!

너도
그래?

다초점 렌즈 25

— 국민건강보험, 암 검진

세월이

내 젊음을 법정에 세운다

"판결을 내리겠습니다"

짧은 순간 많은 생각

다초점 렌즈 26

— 독거노인, 신고려장

더
멀어지는
그 시간

더
가까워지는
그 시간

다초점 렌즈 27

— 빈젖

빗방울이 물고 있군
늙은 호수 젖꼭지를

다초점 렌즈 28

— 팽목항에서

바보가 되기로 했다

귀 막고
입 다물고
코 막고
눈 감았는데

다
뚫렸다

다초점 렌즈 29

— 근무평정 기간

이번에는…
이번에도…
이번마저…

만성질환의 계절

다초점 렌즈 30

— 노안

나에겐 더는
눈동자란 것이 없다

보여지는 것을
그대로 통과시킬 뿐

다초점 렌즈 31

— 택배 포장

씻고 말리고,
찌고 말리고…

샘물과 햇볕이 쫄아질 때까지
물광
불광 냈다

이쁜아 가서
잘 살 거래이 ~~

다초점 렌즈 32
— 섬

파도가 밀려오면
눈자위 촉촉해지는 당신

나는 바다의
눈동자라 부른다

다초점 렌즈 33
— 가위

내 손을 쳐다본다
저 다섯 날은
얼마나 많은 손바닥을 베었을까

다초점 렌즈 34
— 유토피아를 찾아서

꽃은 눈만 커지고 또 밤이다

가을별은 반쪽이 닫혀있고 수상한 바람은 보이지 않는 곳에서 불어온다 하늘, 글썽이는 하늘은 높이를 애써 재지 않는다 바닥에 사는 넙치, 아예 한 쪽으로 눈깔을 몰았다 춤추는 무리는 모닥불을 주워 담아 제 눈을 훨훨 태운다 둥둥 북소리 다초점 렌즈 낀 저녁은 어지러워, 갓 결혼한 신랑이 눈을 뽑아 감춘다 눈 마주치면 다시 결혼하거나 죽음 뿐, 보고 싶은 것은 늘 반대편에 있다네 네 눈을 감아 봐 대신 머리에 둥근 뿔이 돋아 날거야 바닥에서 떨어져 나간 하늘에 누군가 총총히 눈을 박아 놓았다 자고나면 별 사이 경계는 두 번 꺾어진다 다시 결혼하자 내 눈을 너에게 줄께 그렇지만 너는 죽어야한다 내 눈을 가져간 저기 카멜레온이 온다 검은 소리 검은 외투 하얀 웃음 하얀 외투, 순간 수십 벌의 갑옷을 갈아입는 비늘에 높은 안테나가 꽂혀있지

지하도를 걸어가는 여자의 머리칼이 곤두선다면 말야 지난밤 카멜레온의 레이다에 포착되었다는 거지 열린 한 쪽마저 어두워지고 뽑은 눈알이 거리에 가득하다 테만 남은 투명한 감옥이 나를 가둔다면 흐릿한 세상은 더 밝아질 테지 꽃은 눈만 크지고 하늘은 여전히 애써 보려하지 않는다

눈 먼 넙치, 카멜레온과 또 결혼해야할 터

다초점 렌즈 35

— 북극성

달빛에 밀려나
작은곰은 외롭단다

그래서 외진 북쪽 골목을
한없이 서성거린단다

사랑을 잃고 고개 떨군
당신과
눈 한번 맞추려고

한 자리에
몇 백만 년이나
박혀있단다

다초점 렌즈 36
— 단풍

그 많던
꽃들이 사라졌다

어쩔 수 없이
적막해진
풍경 속으로 뛰어든다

6월 장미야 나도
꽃이란다

씨앗은 없지만
머리부터 발끝까지
쉬지 않고
몸 꽃을 피운단다

다초점 렌즈 37

— 옥상 냉각탑

냄비 속 내리는 비
떼울음 소리 구슬퍼라

층층마다 훔친 사랑
한 그릇에 들볶누나

돌아가 님 살 맛 보면
식은 몸
꽉 안아줄까

다초점 렌즈 38

— 서점에서

시집을 찾는다

먼지 뒤집어 쓴
묘비가 서있다

다초점 렌즈 39

— 어떤 눈동자

거울이 웃는다 나는 존재하기 시작한다
거울이 찡그린다 나는 사라진다
거울이 울기 시작한다 나는 딴 생각을 한다
즐거워한다 나는 혼자서 웃을 수 없다
거울이 괴로워한다 내가 대신 부서진다
거울이 가끔 슬퍼한다 나는 혼자서 울지 않는다
거울에도 귀가 있고 입이 있어
보이는 것을 제 멋대로 말하고 듣는다
오래된 거울이 깨지고
투명한 얼굴이 가면을 벗는다
짐승들은 원래 얼굴이 없다
처음으로
내 얼굴을 들여다본다

바람이 선풍기를 돌린다

박정묵 시집

발 행 일 | 2016년 8월 23일
지 은 이 | 박정묵
발 행 인 | 李憲錫
발 행 처 | 오늘의문학사
출판등록 | 제55호(1993년 6월 23일)
주   소 | 대전광역시 동구 대전로 867번길 52(삼성동 한밭오피스텔 401호)
전화번호 | (042)624-2980
팩시밀리 | (042)628-2983
홈페이지 | http://www.lito77.co.kr(홈페이지)
전자우편 | hs2980@hanmail.net

공 급 처 | 한국출판협동조합
주문전화 | (070)7119-1741~2
팩시밀리 | (031)944-8234~6

ISBN 978-89-5669-770-3
값 9,000원

* 이 책은 ㈜교보문고에서 E-Book(전자책)으로 제작 · 판매합니다.
* 잘못 제작된 책은 바꾸어 드립니다.